渡邊馨一郎 写真集

懐かしのわが街
新潟

渡邊馨一郎

はじめに

渡邊馨一郎

私が写真を手掛けたのは、戦後間もない昭和二十三年ごろ、勤めていた高校の同僚から手ほどきを受けたことから始まる。二十五年に当時の月給の三カ月分の貯金をはたいて、二眼レフカメラのミノルタフレックスを買った。カメラを持っている人はまだ少ない時だったので、家族をはじめ頼まれて近所の人の写真などを撮りまくった。モノクロ時代はフィルムの現像から焼き付け、引き伸ばしまで自分でやった。押入れの布団を引っ張り出して臨時の暗室にして作業したこともあった。

特に風景を意識して撮ったわけではないが、そのうちのいくらかが当時の街の面影を残してあった。今から思うと、その気になれば下町の風俗、子供たちの遊び、お宮さまの祭礼、物売りの屋台など、撮っておく機会はまだいくらでもあったのにと残念に思う。

新潟大火後、市内の古い建物が次々に壊されていくのに気付き、今のうちに写真を残しておかないと記憶からも消えてしまうと思い、市内を回り、これぞと思う家や堀を写した。まだ残っているつもりで行ってみたら、既に別の建物に変わっていてがっかりしたことも何回かあった。もう十年早く気が付いていたら、まだまだ記念すべきものが撮れていただろうにと悔やまれる。

ともあれ、今回自分が撮った写真がまとまった出版物になったことは望外の喜びで、協力いただいた各位に厚く御礼申し上げる次第である。

もくじ

移り行く風景

古町十字路　古町７番町方向を望む。左端が大和デパート（昭和30年２月）

せわしない年の瀬の柾谷小路。降り出した雪の中、信号待ちの自転車が並ぶ（昭和29年12月）

柾谷小路　西堀から古町十字路方向を望む（昭和28年８月）

小林百貨店　新潟三越の所にあった老舗デパートで、多くの人々に愛された（昭和27年）

大和デパート屋上　大和は小林百貨店と並ぶ商店街の顔だった（昭和28年）

柾谷小路　大和デパート屋上から万代橋方面を望む（昭和29年１月）

万代貨物線　新潟駅から水島町を通り、気象台の脇から信濃川沿いに万代島に至る貨物線があった。万代橋から万代島方面を望む（昭和32年１月）

西堀　堀端で談笑する主婦。のどかな時間が流れる。西堀前通４付近（昭和29年頃）

西堀　西堀前通４、鍛冶小路交差点付近（昭和29年頃）

早川堀　肥やし船がつながれた赤坂町２丁目付近（昭和32年）

蔵所堀　市役所から関屋本村までの国道116号は蔵所堀を埋め立てて造成された。奥の大きな建物は新潟大学医学部。現在の学校町通三番町バス停付近から撮影（昭和30年）

新潟港（西港）中央埠頭。木製の手押し車が時代を感じさせる（昭和28年９月）

飛砂防止の営み。砂浜の飛砂を防ぐために地道に植林を続けていた。浜浦町付近（昭和27年頃）

旧新潟駅前広場　現在の弁天公園付近にあたる。修学旅行に出発する新潟工業高校の生徒が整列している（昭和30年）

昭和33年４月まで新潟駅は現在の弁天町付近にあった。写真は移転直前の旧新潟駅ホームで修学旅行の出発を待つ新潟工業高校の生徒たち（昭和33年４月）

大雪のなか、松林を通って学校へ向かう工業高校の生徒。左に競馬場の柵が見える。浜浦町（昭和36年）

白山公園の飛行機　昭和40年代前半まで白山公園には飛行機が展示されていた（昭和39年）

新潟交通電車線　旧県庁前から燕間、35.8Kmの電車線で旧県庁前から東関屋間は道路との併用区間であった。旧県庁前を通過する懐かしい雄姿（昭和47年４月）

旧県庁前から東関屋間の道路との併用区間は「電車通り」と呼ばれていた（昭和52年３月22日）

越後線の列車と新潟交通の電車を同時にとらえた珍しい写真。旧県庁前―東関屋間の越後線立体交差付近
（昭和48年６月18日）

電車はしばしば警笛を鳴らし自動車に注意を促した。旧県庁前―東関屋間の越後線立体交差付近（昭和52年３月８日）

新潟交通電車線　旧県庁前―東関屋間は平成４年３月に廃止された。旧歴世鉱油（関新３丁目）付近
（昭和52年３月14日）

暮らし

母娘で作る笹団子。かつては各家庭で笹団子が作られていた。赤坂町（昭和26年６月）

歳末の買い出しで賑わう雪模様の本町通り（昭和29年12月）

正月風景。雪のない新年を迎えた古町通り（昭和31年１月）

初詣　穏やかな正月を迎えた白山神社の様子（昭和29年）

本町の露店　野菜売りのおばさんが居眠りをする、静かな初夏の午後（昭和26年６月）

鳥屋野潟で泳ぐ子どもたち。この当時の水質もそんなにきれいだったとは思えないが、たくましい子どもたちというべきか。向こうに弁天橋が見える（昭和33年７月）

運動会見物　新潟工業高校の運動会を見物している人々。高校の運動会は人気のイベントだった。浜浦町（昭和27年）

高価だったテレビは昭和30年代半ばから一般家庭に普及した。ダイヤル式チャンネルの真空管白黒テレビも遠い昔の思い出となった（昭和36年７月）

一般家庭でユニットバスが普及するまでは木製湯船が使われていた（昭和34年４月）

農家のいろりは町屋に比べ大きく堂々としていた（昭和27年１月）

機械化が進むまでは農作業で牛は重要な役割を担っていた。秋葉区七日町（昭和28年５月）

はさ掛けが終わり一家揃って収穫の秋を喜ぶ。秋葉区七日町（昭和25年10月）

子どもたち

サッカーって何だ？　子どもも大人も野球が大好きだった。赤坂町（昭和28年）

舗装されていない道路は当たり前。どこでも遊び場だった。赤坂町（昭和29年10月）

広場があればどこでも野球。下駄を脱ぎ捨て素足でプレー。白山浦（昭和30年）

関屋金鉢山公園　小高い丘の上にあり越後線越しに工場群が間近に望めた（昭和37年）

関屋金鉢山公園　歴世鉱油、硫酸会社の工場、信濃川の対岸には日本軽金属の工場が見える（昭和37年）

親子で魚釣りゲーム。西大畑、聖園幼稚園での一コマ（昭和30年５月）

新潟遊園　多くの客で賑わった新潟遊園の大部分は宅地化され、一部が寺尾中央公園として面影を残している（昭和40年）

商工祭に参加した子どもみこし。右の屋根上の桶は酒屋さんの飾りか？　本町通り界隈（昭和29年８月）

優雅に踊る子どもたち。商工祭での様子。赤坂町（昭和30年８月）

商工祭で山車を引く子どもたち。赤坂町（昭和29年８月）

商工祭での稚児行列。古町通り界隈（昭和28年８月）

住吉行列の子どもたち。アイスキャンディーを食べひと休み（昭和26年８月）

どんな祭り行列がやってくるのだろう。やって来る方向を一斉に見る。赤坂町界隈（昭和29年８月）

町内会恒例行事のスイカ割り。見守る子どもたちの表情が生き生きとしている。赤坂町（昭和28年８月）

白山神社境内の金魚すくい（昭和29年頃）

夏は玄関先で水遊び。木製たらいが懐かしい。堀割町（昭和36年７月）

突堤は夏の遊び場。魚やカニを狙って１日中過ごした。船見町付近（昭和25年）

白山神社境内での露店の駄菓子屋（昭和30年）

おじいちゃんといっしょにスルメを焼いての帰り道。白山神社（昭和30年）

三輪車にまたがって記念撮影。後ろは蔵所堀。白山浦付近（昭和33年）

関屋競馬場　文京町・信濃町には関屋競馬場があったが、関屋分水工事での住宅移転先となり、昭和39年に幕を閉じた（昭和34年６月）

浜浦町にあった新潟工業高校の校内で遊ぶ子どもたち（昭和29年）

関屋堀割町裏の海岸道路付近。ガス井戸からのパイプラインが見える（昭和34年）

堀割３丁目（現・関屋堀割町）裏の海岸。関屋分水ができる前、砂浜が大きく広がっている（昭和34年）

砂丘地に防風防砂のため植林されたばかりの松。この松は現在の海岸道路（日本海夕日ライン）の両側に広がっている。関屋堀割町付近（昭和34年）

火鉢、五徳、火箸、灰ならし。何歳までの人が分かるだろうか（昭和26年12月）

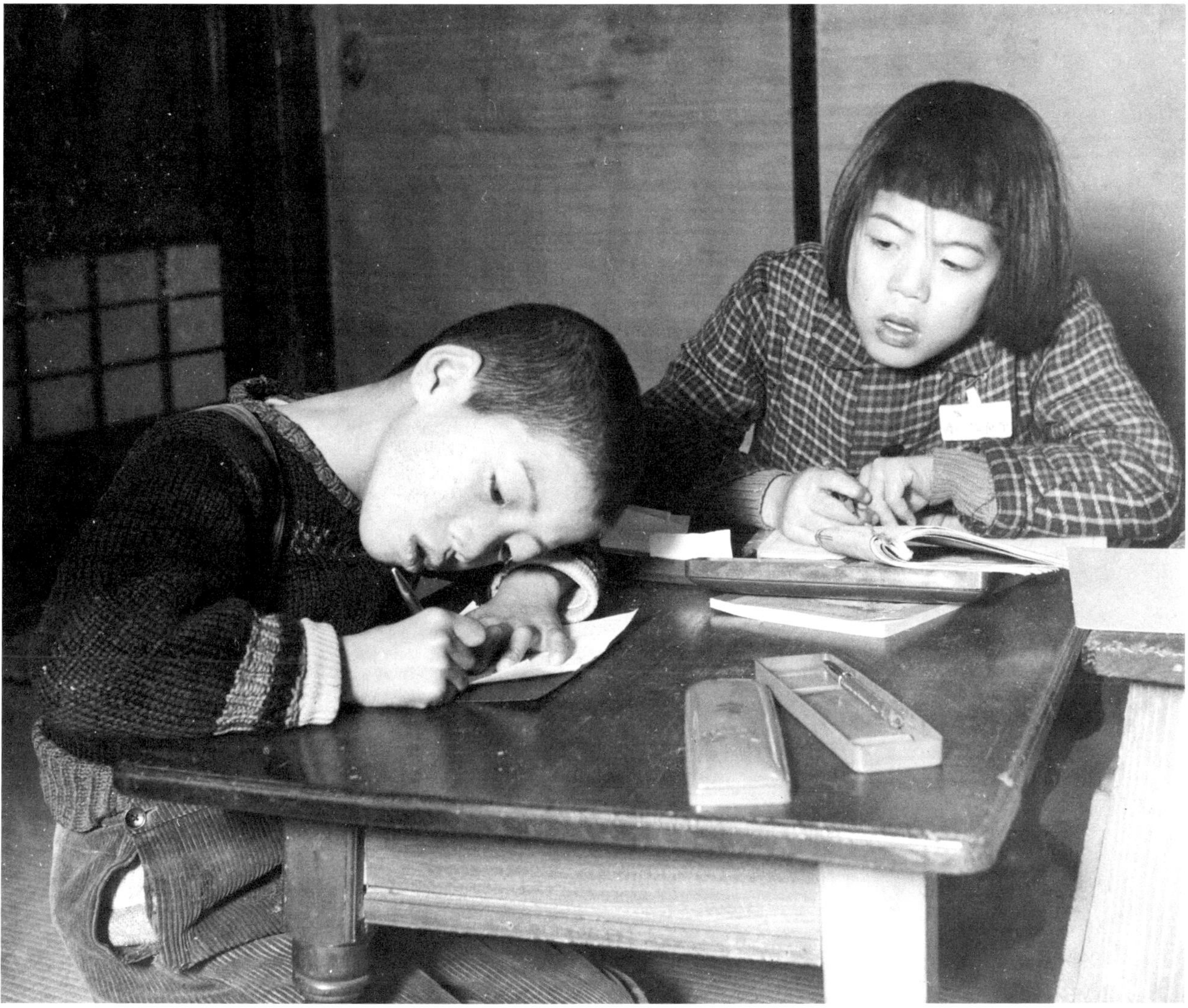

子ども部屋など考えられなかった時代。一つの机で姉弟がいっしょに勉強した（昭和28年）

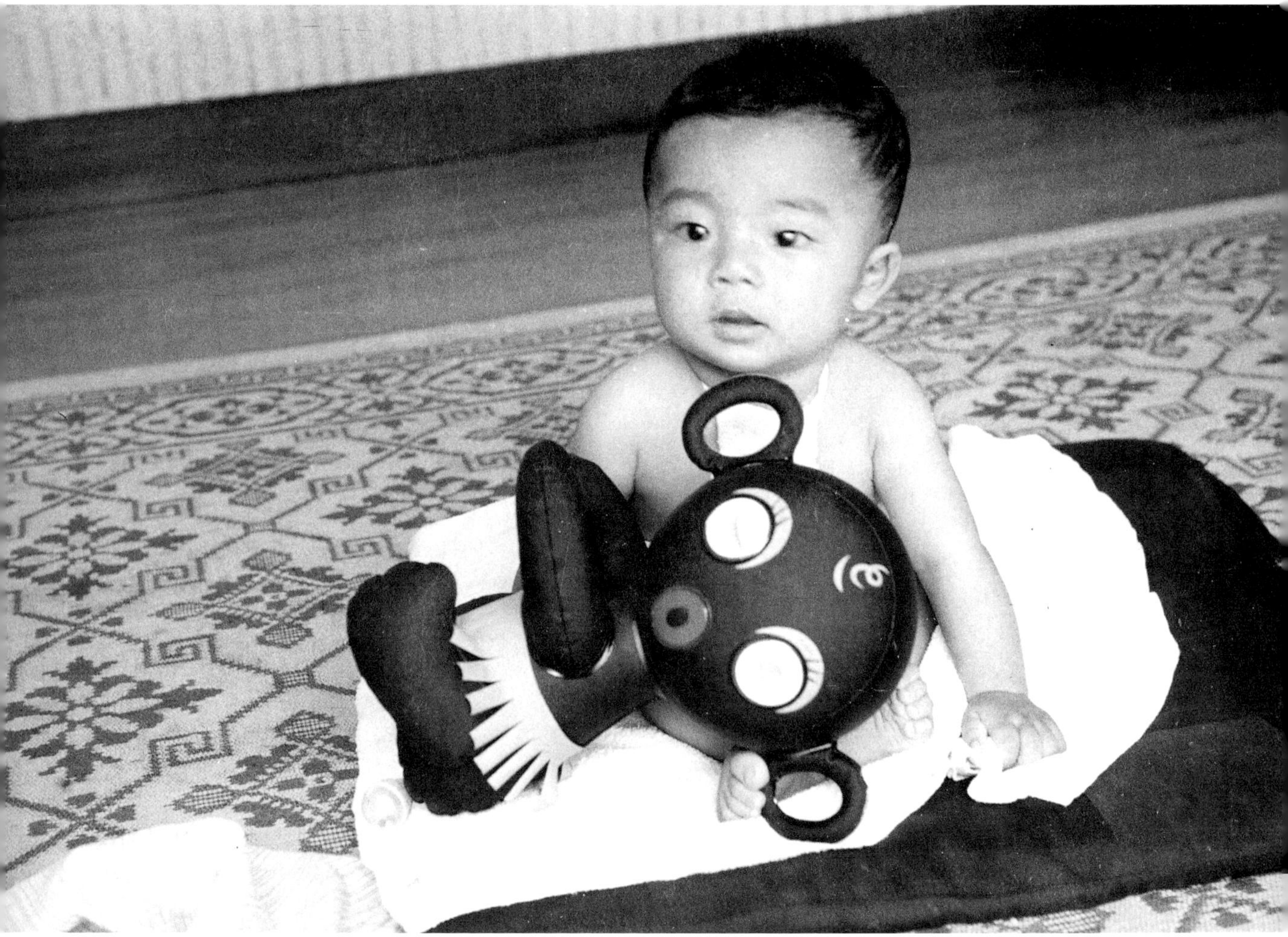

大ブームを巻き起こした、空気で膨らますビニール人形の「だっこちゃん」。品切れ店が続出した（昭和35年８月）

祭り

商工祭　古町通りをパレードする小林百貨店の山車（昭和26年８月）

商工祭　旧県庁前付近のパレード。ノーヘルメット、二人乗りバイクが時代を感じさせる（昭和29年８月）

商工祭　日本通運の山車。左後方は大和デパート（昭和27年８月）

商工祭　古町通りをパレードする大和デパートの山車（昭和27年８月）

商工祭　もちまきだろうか。多くの観衆が集まっている。古町通り（昭和27年８月）

商工祭　旧県庁前を行く祭りパレード（昭和29年８月）

商工祭　数多くの山車がパレードに参加した。本町通り（昭和30年８月）

商工祭　祭り見物にやってきた人で大混雑。本町通り（昭和30年８月）

新潟大火

新潟大火　くすぶり続ける東中通り付近。東中通りから現在の新津記念館方向と思われる（昭和30年10月１日）

新潟大火　昭和30年10月１日未明、医学町の県教育庁から出火。台風の影響を受けた強風にあおられ火は中心部へ広がった。東中通りから見た寺裏一帯の焼け跡（昭和30年10月１日）

新潟大火　東中通１にあった新潟日報（現・JA新潟ビル）も全焼した（昭和30年10月１日）

新潟大火　古町７番町も、がれきの山と化した。左の建物は大和デパート（昭和30年10月１日）

新潟大火　古町十字路から見た小林デパート（現・新潟三越、昭和30年10月１日）

新潟大火　柾谷小路から古町６番町方向。右隅が旧住友銀行、その左が旧新潟ビル（昭和30年10月１日）

新潟大火　かつて銀映と呼ばれていた大映劇場は、奇跡的に焼け残った。古町7番町大和デパート横（昭和30年10月1日）

新潟大火　耐火建築で近代的な威容を誇った郵便局（現・新潟中央郵便局・東堀通７）も、内部はすっかり焼けてしまった（昭和30年10月１日）

新潟大火からの復興　本格的な復興工事を前に焼け跡に板張りの仮設小屋が建てられた。左奥のビルが大和デパート、古町６番町付近（昭和30年11月）

新潟大火からの復興　手前から旧越路会館、柾谷小路を挟んで大和デパート、中郵便局の奥が第四銀行本店
（昭和31年６月頃）

新潟大火からの復興　小林デパート（現・新潟三越）から古町方向を望む（昭和31年６月）

新潟大火からの復興　柾谷小路沿いの商店では、道路に張り出した仮店舗で営業を再開した（昭和31年11月）

新潟大火からの復興　柾谷小路、東堀通６番町付近（昭和31年11月）

新潟大火からの復興　店舗や社屋の建築が進む東中通り（昭和31年６月頃）

新潟大火からの復興　道路の舗装工事でコンクリートを流し込む。東中通２、新潟県酒造会館前（昭和31年11月）

新潟大火で焼失した新潟日報社前に張り出された「弥彦事件（初詣客124名圧死）」の特報に見入る人々（昭和31年１月）

新潟地震

新潟地震　横倒しになった川岸町の県営アパート（昭和39年６月）

新潟地震　道床が流出し、線路が宙に浮いた越後線。白山駅—関屋駅間（昭和39年６月）

新潟地震　宙に浮いた線路の上を歩く人々が見える。川岸町の越後線立体交差（昭和39年６月）

新潟地震　大きく傾いた木造家屋。白山浦（昭和39年６月）

新潟地震　電柱が一定方向に傾いている。白山浦旧電車通り（昭和39年６月）

新潟地震　越後線白山駅付近の旧電車通り（昭和39年６月）

新潟地震　10日前に閉幕したばかりの国体の仮設スタンドが残る新潟市陸上競技場（昭和39年６月）

新潟地震　道路に亀裂ができた一番堀通町、県政記念館付近（昭和39年６月）

新潟地震　落下した昭和大橋の前に自衛隊の車両が並んでいる（昭和39年６月）

新潟地震　完成したばかりの昭和大橋が落下（昭和39年６月）

新潟地震　エンストした車を押す人たち。空が黒いのは昭和石油タンクの煙。湊町通り（昭和39年６月）

新潟地震　地下水がわき出し水浸しとなった赤坂町（昭和39年6月）

新潟地震　冠水した住宅地を舟で行き来する。早川堀付近と思われる（昭和39年６月）

新潟地震　水が引いた後は、流れ込んだ土砂を運び出すのが大変だった。湊町通り（昭和39年６月）

「父の写真とホームページ」ーあとがきに代えてー

渡辺　誠

父は若いころから写真を趣味とし、フィルムの現像から写真の引き伸ばし、焼き付けを自分で行っていました。今から四十年近く前、まだ実家が建て直す前の平屋だったとき、家の奥には小さな暗室がありました。父がそこで写真の焼き付けを行っていたのを、私は物心が付いたころから覚えています。普段は子どもが入ることの許されない場所でしたが、ごくたまに中で作業を見せてもらうことができました。暗室の赤みがかった薄暗い明かりの元で、バットの中で白い印画紙に徐々に画像が浮かび上がる。その様子は、幼い私にとって、まるで手品か魔法を見ているような、不思議で妖しく、そして何か胸をドキドキさせるようなものでした。デジタルカメラなどは想像もできない昔で、父はこつこつと写真を撮りためていました。

時が流れ、個人がパソコンを持つことが普通になり、インターネットの普及が進み、個人が自由にウェブサイトを立ち上げられるようになりました。ネット上に広がる多くのウェブサイトに刺激を受けて、仕事柄パソコンに接する機会が多かった私は、自分もホームページを作ろうと思い付きました。その主要なテーマの一つにしたかったのが、堀があったころの新潟や、当時をしのばせる街の姿でした。何よりも、父の写真をこのまま埋もれさせておくのは惜しいと思ったのが一番の理由でした。

父は新潟市中央区の赤坂町で生まれ育ち、母は結婚前は本町通りの旧第一勧銀に勤めていたので、両親からは写真のエピソードのほかにもいろいろな話を聞くことができました。父の写真は昭和二十五年ごろから昭和四十年にかけて撮影されたものが多く、ほとんどの写真は永く顧みられることがなく、ネガも物置きの引き出しの奥深くに眠ったままでした。差し当たって、アルバムにある写真のネガを探し出し、パソコンに取り込む作業から始めました。量は昭和三十年代前半がピークで、大半は私の生まれる以前のものでした。内容は、肖像、記念写真が中心でしたが、その合間にある何気ないスナップに、素朴で慎ましやかだけど、生き生きとした新潟の街と、そこに暮らす人々の姿を見ることができたのです。

画像を見て、「ああ、昔はあんなふうだったね」と懐かしがってもらえればいいと思って立ち上げたページなので、四十代以降の年齢の方を対象にしたつもりでした。父の写真を中心に兄や私の写真を加えて、いわば渡辺家のホームページでしたが、幸いにも多くの方々からアクセスしていただき、内容も少しずつ増やしていくことができました。

そんな折り、新潟日報事業社の新保一憲さんから、このホームページを基に父の写真を本にしたらどうかという企画を提案していただきました。ホームページを立ち上げてから、たくさんの感想のメールをいただき、中には、パソコンを使えないご両親に印刷してみせて喜ばれたというものが少なくありませんでした。それ故に、年輩の方でも手に取って見ていただける形になることは、願ってもないことでした。また、銀塩写真の良さは、紙で見たときに一段と味が出てくるものだと思います。

最後に、本書の出版企画を提案していただいた新潟日報事業社、写真の撮影場所の特定に協力してくれた母、そしてレンズの向こうで笑顔を見せてくれた多くの被写体のみなさんに厚く御礼申し上げます。いつかまた、掲載された写真に見られるような、希望に満ちた明るい笑顔があふれる新潟の街、そして社会になっていくことを願ってやみません。

二〇〇九年一月

【著者紹介】

渡邊 馨一郎（わたなべ けいいちろう）

昭和２年（1927）新潟市に生まれる。
昭和20年（1945）旧制新潟工業学校卒業。（第二回生）
昭和23年（1948）旧制米沢工業専門学校（現山形大学工学部）卒業。
昭和23年(1948)より昭和63年(1988)まで、新潟県立新潟工業高校教諭。
平成13年(2001)まで新潟市立高志高校講師。
若い頃から写真に興味を持ち、特に、まだカメラが貴重品であった昭和23年ごろより、人物写真を中心に多数の撮影を重ねる。また、専門である化学についての、英語教材としての著書がある。

本書掲載の写真は渡邊誠氏（渡邊馨一郎氏次男）の運営するホームページ「新潟街角今昔」に掲載された作品を中心に選択されたものです。

本書編集にあたり渡邊誠氏にご協力いただきました。

撮影年月日や場所は渡邊馨一郎氏のデータを基にしましたが、同氏の記憶から推定で付したものもあります。

22頁・24頁の写真は渡邊健一氏（渡邊馨一郎氏長男）撮影。
23頁・25頁・26頁の写真は渡邊誠氏の撮影によるものです。

渡邊 馨一郎 写真集 **懐《なつ》かしのわが街《まち》 新潟《にいがた》**

2009（平成21）年２月17日 初版第１刷 発行

著 者――渡 邊 馨一郎
発行者――德 永 健 一
発行所――新潟日報事業社
〒951-8131 新潟市中央区白山浦2-645-54
TEL 025-233-2100 FAX 025-230-1833
印 刷――新高速印刷株式会社

ISBN978-4-86132-323-2
＊定価はカバーに表示してあります。
＊落丁本・乱丁本はお取り替えいたします。